DELAWARE BRANCH
ALBANY PUBLIC LIBRARY

D1536829

Compáralos

Serpientes

Tracey Crawford

Heinemann Library
Chicago, Illinois

© 2007 Heinemann Library
a division of Reed Elsevier Inc.
Chicago, Illinois

Customer Service 888–454–2279

Visit our website at www.heinemannlibrary.com

All rights reserved. No part of this publication may be reproduced or transmitted in any form or by any means, electronic or mechanical, including photocopying, recording, taping, or any information storage and retrieval system, without permission in writing from the publisher.

Photo research by Tracy Cummins, Tracey Engel, and Ruth Blair
Designed by Jo Hinton-Malivoire
Translated into Spanish and produced by DoubleO Publishing Services
Printed and bound in China by South China Printing Company
10 09 08 07 06
10 9 8 7 6 5 4 3 2 1

Library of Congress Cataloging-in-Publication Data
Crawford, Tracey.
 [Snakes. Spanish]
 Serpientes / Tracey Crawford.
   p. cm. -- (Compáralos)
 ISBN 1-4034-8693-X (hb - library binding) -- ISBN 1-4034-8701-4 (pb)
 1. Snakes--Juvenile literature. I. Title.
 QL666.O6C82418 2007
 597.96--dc22

                          2006028247

Acknowledgments
The author and publisher are grateful to the following for permission to reproduce copyright material: Corbis pp. **4** (monkey, Frank Lukasseck/zefa; bird, Arthur Morris), **9** (Michael & Patricia Fogden), **12** (Theo Allofs), **13**, **15** (Michael & Patricia Fogden), **22** (Horned Adder, Gallo Images; rattlesnake, Jeff Vanuga); Getty Images pp. **4** (fish), **7** (Jim Merli), **10** (The Image Bank/Gallo Images-Anthony Bannister), **23** (king snake, Jim Merli; hatchling, The Image Bank/Gallo Images-Anthony Bannister); Minden Pictures pp. **11** (Michael & Patricia Fogden); Carlton Ward pp. **4** (frog), **5**, **6**, **14**, **16**, **17**, **18**, **19**, **20**, **21**, **23** (viper headshot).

Cover photograph of an emerald tree boa reproduced with permission of Corbis/Joe MacDonald and an Indian cobra reproduced with permission of Ardea/M. Watson. Back cover photograph of a banded sea snake reproduced with permission of Corbis.

Every effort has been made to contact copyright holders of any material reproduced in this book.
Any omissions will be rectified in subsequent printings if notice is given to the publisher.

Contenido

Hay muchos tipos de animales.

Las serpientes son un tipo de animal.

escamas

Todas las serpientes tienen escamas.

Todas las serpientes mudan de piel.

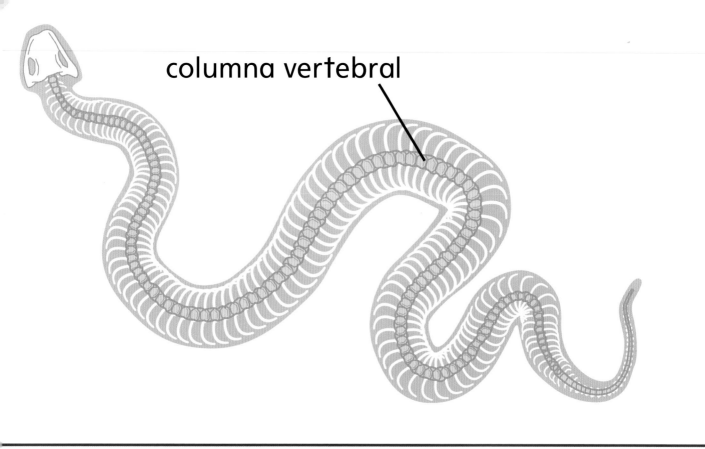

columna vertebral

Todas las serpientes tienen
una columna vertebral.

Todas las serpientes cazan
para comer.

Muchas serpientes nacen de un huevo.

cría de serpiente

Pero no esta serpiente.

Muchas serpientes viven en la tierra.

Pero no esta serpiente.

Algunas serpientes son grandes.

Algunas serpientes son pequeñas.

Algunas serpientes tienen la piel lisa.

Algunas serpientes tienen la piel áspera.

Algunas serpientes son de un solo color.

Algunas serpientes son de muchos colores.

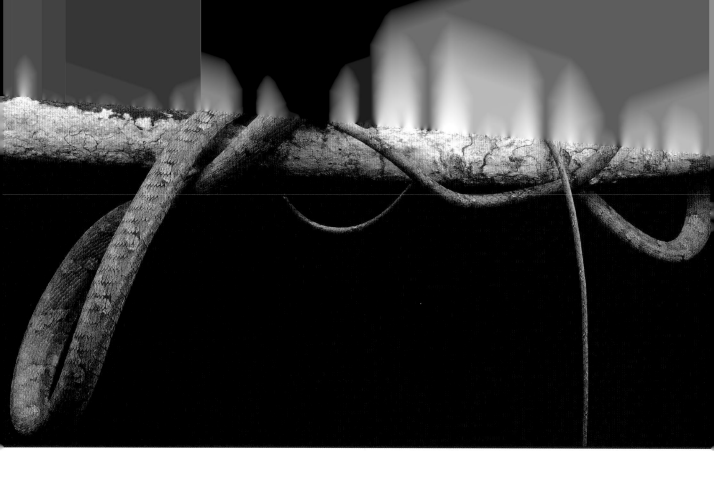

Cada serpiente es diferente.

Cada serpiente es especial.

Serpientes: datos

Las serpientes no pueden oír. Pueden sentir movimiento.

Esta serpiente es una víbora cornuda. Se esconde en la arena.

Glosario ilustrado

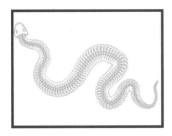

columna vertebral la parte del esqueleto que va desde la cabeza a la cola

huevo donde crecen las crías antes de nacer

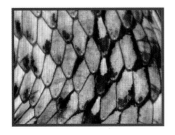

escama placa pequeña y plana del exterior de un animal. Las escamas cubren la piel.

mudar cambiar

Índice

Nota a padres y maestros

Serpientes presenta a los niños la diversidad de este grupo animal, así como las características que comparten todas las serpientes. El texto fue elegido cuidadosamente con la ayuda de una experta en lecto-escritura, de modo que los lectores principiantes puedan leer con éxito tanto de forma independiente como con cierta ayuda. Se consultó a científicos para que el contenido fuera interesante y acertado.

Al mostrar la importancia de la diversidad en la fauna, *Serpientes* invita a los niños a celebrar la diversidad en sus vidas. El final de este libro afirma que cada serpiente es un animal único y especial. Emplee esta afirmación para conversar sobre cómo cada persona es también única y especial. Puede apoyar las destrezas de lecto-escritura para no ficción de los niños ayudándolos a usar la tabla de contenido, el glosario ilustrado y el índice.